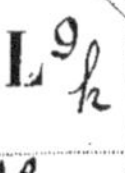

INSTITUT DE FRANCE

LES JOURNÉES

DE

BARFLEUR ET DE LA HOUGUE

29 MAI — 3 JUIN 1692

PAR

M. G. LACOUR-GAYET

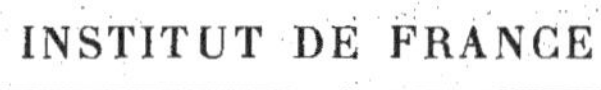

DÉLÉGUÉ DE L'ACADÉMIE DES SCIENCES MORALES ET POLITIQUES

Lu dans la séance publique annuelle des Cinq Académies
du 26 octobre 1914

PARIS

TYPOGRAPHIE DE FIRMIN-DIDOT ET Cⁱᵉ

IMPRIMEURS DE L'INSTITUT DE FRANCE, RUE JACOB, 56

M D CCCC XIV

INSTITUT DE FRANCE

LES JOURNÉES

DE

BARFLEUR ET DE LA HOUGUE

29 MAI — 3 JUIN 1692

PAR

M. G. LACOUR-GAYET

DÉLÉGUÉ DE L'ACADÉMIE DES SCIENCES MORALES ET POLITIQUES

Lu dans la séance publique annuelle des Cinq Académies
du 26 octobre 1914

PARIS

TYPOGRAPHIE DE FIRMIN-DIDOT ET Cⁱᵉ

IMPRIMEURS DE L'INSTITUT DE FRANCE, RUE JACOB, 56

M D CCCC XIV

LES JOURNÉES

DE

BARFLEUR ET DE LA HOUGUE

29 MAI — 3 JUIN 1692

PAR

M. G. LACOUR-GAYET

DÉLÉGUÉ DE L'ACADÉMIE DES SCIENCES MORALES ET POLITIQUES

Messieurs,

C'était le 29 mai 1692. Le soleil, en se levant sur la Manche, éclaira un spectacle maritime d'une singulière grandeur. A sept lieues environ au nord-est des falaises de Barfleur, deux armées navales, deux forêts de mâts, étaient en vue ; sur le point de se disputer quelques lieues carrées de mer, elles faisaient leurs évolutions avant la bataille. L'une portait les couleurs de France ; l'autre portait les couleurs d'Angleterre et de Hollande.

Une révolution avait donné, quatre ans plus tôt, la

couronne d'Angleterre au stathouder de Hollande Guillaume d'Orange ; Louis XIV avait pris en mains la cause du roi détrôné, Jacques II Stuart. Une tentative avait déjà été faite pour lui permettre de reconquérir l'Irlande ; elle n'avait réussi qu'en partie. Voilà trois ans que la guerre se traînait. Mais pour la campagne de 1692, le Roi de France avait résolu de frapper l'ennemi droit au cœur : il ferait débarquer non plus en Irlande, mais en Angleterre même, un corps de 20000 hommes, qui rouvrirait au roi en exil les portes de sa capitale. Louis XIV s'était-il rappelé les paroles de Mithridate à ses fils ?

> Annibal nous l'a dit ; croyons-en ce grand homme,
> Jamais on ne vaincra les Romains que dans Rome.

Il s'agissait donc d'aller vaincre les Anglais à Londres. Des corps d'infanterie furent réunis à la rade de la Hougue, à l'extrémité nord du Cotentin, et des corps de cavalerie au Havre et à Honfleur. Jacques II en personne, assisté du maréchal de Bellefonds, commandait cette armée. Il fallait lui faire franchir les quelques lieues de mer qui la séparaient des côtes anglaises. Cet honneur périlleux revint à l'escadre de Brest.

L'amiral qui la commandait était compté parmi les plus grands hommes de mer de son temps ; il pouvait consoler la France de la mort récente de Duquesne. Anne-Hilarion de Costentin, comte de Tourville, avait alors cinquante ans ; toute sa vie s'était passée sur mer. Entré dans l'ordre de Malte, il avait commencé par naviguer sur les galères de la Religion et par faire la course contre les Barbaresques. Il était passé ensuite sur les vaisseaux du Roi ; les campagnes de Sicile, si glorieuses pour le nom français, les bombardements d'Alger, de Gênes et de Tripoli avaient marqué les principales étapes de sa carrière. Promu à la vice-amirauté du Levant il y avait trois ans, Tourville avait attaché son nom à deux actions différentes ; elles avaient consacré sa réputation auprès des gens du métier. En 1690, il avait remporté la victoire de Béveziers, où il avait culbuté une flotte anglo-hollandaise ; en 1691, il avait fait la campagne du Large, ce chef-d'œuvre d'habileté manœuvrière. Saint-Simon a dit de lui : « Il possédait toutes les parties de la marine, depuis celle d'un charpentier jusqu'à celle d'un excellent amiral. »

Le ministre de la marine Pontchartrain avait demandé à Tourville de sortir de Brest avec une cinquantaine de vaisseaux dans les premiers jours du mois d'avril. On avait calculé que l'ennemi à pareille date ne pourrait disposer que d'une quarantaine de voiles ; aussi pensait-on que Tourville aurait le loisir d'embarquer les troupes jacobites réunies en Normandie et de les conduire à Torbay, où l'on avait projeté de faire la descente. Des retards, qui ne dépendaient pas de l'amiral français, avaient différé jusqu'au 12 mai sa sortie de Brest ; ils avaient été pour l'ennemi un gain précieux, car il avait pu ainsi achever sa mobilisation dans les ports d'Angleterre et de Hollande.

Le ministre avait fait signer par Louis XIV, le 26 mars, les instructions qui concernaient cette campagne. Quelques passages sont à citer ici ; on en remarquera le caractère singulièrement impératif :

« Sa Majesté veut absolument que la diligence qu'elle désire se fasse; elle s'en prendrait au sieur de Tourville, si elle ne se faisait pas.

« Sa Majesté veut absolument qu'il parte de Brest, quand même il aurait avis que les ennemis soient dehors avec un nombre de vaisseaux supérieur à ceux qui seront en état de le suivre...

« En cas qu'il les rencontre en allant à la Hougue, Sa Majesté veut qu'il les combatte, en quelque nombre qu'ils soient, qu'il les poursuive jusque dans leurs ports, s'il les bat;... et s'il a du désavantage, Sa Majesté se remet à lui de sauver l'armée le mieux qu'il pourra. »

En post-scriptum il y avait :

« J'ajoute ce mot de ma main à cette instruction, pour vous dire que ce qu'elle contient est ma volonté, et que je veux qu'on l'observe exactement. Louis. »

Saint-Simon n'a pas trahi l'esprit de ces instructions singulières en disant que Tourville « eut ordre de combattre, fort ou faible, où que ce fût ». Qu'est-ce qu'il aurait dit s'il avait connu cette phrase dans une lettre du ministre à l'amiral?

« Ce n'est point à vous à discuter les ordres du Roi; c'est à vous de les exécuter et d'entrer dans la Manche. Mandez-moi si vous voulez le faire; sinon, le Roi commettra à votre place quelqu'un plus obéissant et moins circonspect que vous. »

Tourville était sorti de Brest le 12 mai; il emmenait trente-sept vaisseaux. Son pavillon flottait à bord du *Soleil Royal*.

Construit aux chantiers de Brest sur les dessins
du charpentier Hubac, le vaisseau amiral avec ses
2 5oo tonnes eût fait petite figure à côté de nos dread-
noughts gigantesques ; tel quel, il était à la fois une œuvre
d'art admirable et une puissante machine de guerre. Sur
la poupe, entièrement décorée de sculptures, un bas-
relief représentait Apollon conduisant le char du Jour ;
des fanaux énormes surmontaient l'arrière du vaisseau et
lui donnaient un air de somptuosité artistique. Cette
beauté s'alliait à une force que les constructeurs français
étaient les premiers à avoir atteinte ; les 110 canons des
trois étages de ses batteries pouvaient lancer en une
bordée 1 35o livres de mitraille. 9 officiers à l'état-
major, 122 officiers mariniers, 900 hommes d'équipage :
tels étaient les effectifs de cette citadelle flottante. Sur un
état du mois d'avril 1692, le vaisseau de Tourville est
qualifié : « Bon voilier à toute voile. »

A l'entrée de la Manche, l'escadre française fut retardée
par des vents contraires. Elle fut rejointe alors, le 26 et
le 27 mai, au sud des côtes d'Angleterre, par la division
du marquis de Villette, lieutenant général ; elle compta à
partir de ce moment 44 vaisseaux et 11 brûlots.

L'amiral donna à son armée navale les dispositions
suivantes : à l'avant-garde, forte de 14 unités, la division
de Nesmond, pavillon sur le *Monarque*, la division de
d'Anfreville, pavillon sur le *Merveilleux*, la division de
Relingues, pavillon sur le *Foudroyant* ; au corps de
bataille, fort de 16 unités, la division de Villette, pavillon
sur l'*Ambitieux*, la division de Tourville, pavillon sur le
Soleil Royal, la division de Langeron, pavillon sur le

Souverain; à l'arrière-garde, forte de 14 unités, la division de Coëtlogon, pavillon sur le *Magnifique*, la division de Gabaret, pavillon sur l'*Orgueilleux*, la division de Panetié, pavillon sur le *Grand*. A côté des noms de l'amiral commandant en chef, des lieutenants généraux et des chefs d'escadre, on voudrait pouvoir citer les noms de tous les commandants ; tous furent, en effet, des soldats héroïques.

Quarante-huit heures après sa formation, l'armée navale du Roi de France arrivait en vue des côtes du Cotentin. Le jour se levait à peine, dans la matinée du 29 mai, quand le capitaine de vaisseau de la Roche-Allart, détaché en chasse avec le *Henri*, signala des bâtiments ennemis qui croisaient un peu au nord de Barfleur. La brume se dissipa peu à peu ; alors les vigies purent faire le compte de ces vaisseaux qui portaient les pavillons d'Angleterre et de Hollande. Il y en avait 89 ; leurs équipages comptaient 42 000 hommes, et leur artillerie 7 144 pièces. Les Français n'avaient même pas la moitié de ces effectifs, 44 vaisseaux, 20 000 hommes, 3 114 canons.

Comment Tourville n'avait-il point eu connaissance de cette supériorité écrasante de l'ennemi? Au dernier moment des corvettes lui avaient été envoyées pour l'en informer ; quand elles le rejoignirent, la bataille était déjà engagée.

Tourville, en effet, n'avait pas eu une minute d'hésitation. Il n'assembla point un conseil de guerre, il ne consulta pas ses officiers généraux ; il fut le vrai chef, le chef qui prend sur lui toutes les responsabilités. Ses instructions lui donnaient l'ordre absolu de combattre les

ennemis, en quelque nombre qu'ils fussent; on avait
donné à entendre qu'il manquait de décision et de cou-
rage. Il fit sur l'heure même ce que lui commandaient les
ordres du Roi et son honneur de soldat.

L'amiral français signala aussitôt de former la ligne
pour marcher à l'ennemi. Cependant l'armée anglo-hollandaise, que commandait l'amiral Russell, se déployait
en un grand arc de cercle, dont les deux extrémités
cherchaient à doubler les ailes des Français. Tourville
était arrivé à une portée de mousquet de l'amiral d'Angleterre; pas un coup de feu n'avait encore été tiré. Les
jours précédents, des bruits de défection avaient circulé
à bord de l'escadre anglo-hollandaise. Quand les Hollandais virent Tourville s'avancer avec cette mâle assurance,
ils crurent qu'une partie des Anglais étaient d'intelli-
gence avec lui; mais toute équivoque fut bientôt dissipée.
Vers dix heures du matin, un coup de canon fut tiré sur
le *Saint-Louis*, de la division de Nesmond; ce fut, de part
et d'autre, le signal d'une décharge générale.

« Rien, dit avec raison une relation française, rien ne
fut si fier ni si glorieux que notre combat. » Nesmond,
qui commandait l'une des trois divisions de la droite,
avait attaqué les Hollandais avec une impétuosité extrême;
le vent, qui tourna peu à peu, faillit le mettre dans une
situation dangereuse. L'ennemi essaya de le tourner pour
se rabattre par derrière, soit sur notre aile droite, soit
sur notre corps de bataille; mais le tir de nos canonniers
empêcha le succès de cette manœuvre.

Nulle part la bataille ne fut plus opiniâtre qu'au centre.
Tourville avait audacieusement conduit le *Soleil Royal*

par le travers du *Britannia* de Russell. Il attira ainsi sur lui plusieurs vaisseaux ennemis ; sa perte à un moment parut inévitable ; mais il s'obstina dans son offensive audacieuse : pas un instant il ne ralentit le feu de ses batteries. Le brave Coëtlogon vint mettre le *Magnifique* à côté du *Soleil Royal*, et les deux vaisseaux firent rage de tous leurs sabords. A un moment la fumée devint si épaisse que Français et Anglais furent obligés de cesser le feu pour ne pas courir le risque de tirer sur leurs propres bâtiments. Les ennemis imaginèrent, vers la fin de la journée, de lancer sur le *Soleil Royal* une flottille de brûlots ; mais les uns furent remorqués par nos chaloupes, les autres coulés bas par nos canonniers. En passant près du vaisseau amiral, ces engins incendiaires avaient dégagé une chaleur insupportable ; un officier déclara qu'il aimait mieux se griller le nez que de tourner le dos aux ennemis. « Le soleil qui venait de se coucher, rapporte un combattant, avait laissé l'horizon tout rouge, et la fumée du canon s'y mêlant faisait paraître l'air tout enflammé. » Vers neuf heures du soir, les ennemis prirent la direction du Nord ; un de leurs vaisseaux avait été coulé, un autre avait sauté.

Quand la bataille s'arrêta, après douze heures de canonnades et de manœuvres, Tourville restait maître de ce champ de bataille si disputé ; le *Soleil Royal* portait dans ses flancs les traces de glorieuses blessures, mais les couleurs de France claquaient joyeusement à ses mâts. L'histoire militaire offre peu d'exemples d'une aussi admirable solidité. 44 vaisseaux, il faut le redire encore, en avaient attaqué 89 et les avaient forcés à leur laisser le champ libre. Si Tourville n'avait engagé cette lutte de géants que pour se conformer à la lettre même de ses instructions, son audace, sa fermeté, son héroïsme avaient fermé pour jamais la bouche à la calomnie. Il avait fait des prodiges; ses lieutenants, les Coëtlogon, les Nesmond, les d'Anfreville, les Villette, et combien d'autres, avaient été dignes d'un tel chef. Quel exemple éloquent que le nombre n'est pas tout, que la victoire n'est pas fatalement du côté des gros bataillons! Notre amiral avait vaincu, parce qu'il avait eu ancrée au fond du cœur la volonté de vaincre, parce que ses états-majors et ses équipages, véritable escadre de frères, étaient prêts à tout pour sauver l'amiral ou pour périr avec lui. Dans cette journée de Barfleur, dans cet héroïque 29 mai 1692, Tourville et son armée navale ont bien mérité de la patrie.

Admirable leçon d'énergie et de cohésion, toute à l'honneur de la marine française, qu'il ne faut cesser de glorifier et de donner en exemple; elle prouve une fois de plus que c'est l'âme qui gagne les batailles. Mais n'est-ce pas le propre de nos annales militaires de terre et de mer d'avoir vu apparaître aux heures les plus critiques les chefs à l'obstination indomptable? Turenne en Alsace, Tourville à Barfleur, Villars à Denain, Suffren à Providien ou à Trincomali, Jourdan à Fleurus, Davout à Auerstædt, Napoléon en Champagne, Chanzy au Mans, nos généraux qui luttent à l'heure présente des côtes de la mer du Nord à la crête des Vosges, tous ces Français, tous ces héros de l'action, forcent l'admiration de l'histoire moins encore par leur génie militaire que par leur inébranlable ténacité, par leur volonté de vaincre que rien ne peut abattre. Gloire à ces vaillants en qui la volonté surabonde !

> O France ! douce France, ô ma France bénie,
> Rien n'épuisera donc ta force et ton génie !
> Terre du dévouement, de l'honneur, de la foi,
> Il ne faut donc jamais désespérer de toi,
> Puisque, malgré tes jours de deuil et de misère,
> Tu trouves un héros dès qu'il est nécessaire !

L'effort surhumain de la journée de Barfleur ne pouvait se renouveler. Si nos 44 vaisseaux étaient encore en ligne, la plupart avaient des avaries trop sérieuses pour être ramenés au combat. Il fallait gagner un port au plus vite ; là, on pourrait remettre l'escadre en état. Mais où aller ? Le Cotentin n'offrait alors aucun abri.

Les Français passèrent la nuit à réparer sur place leurs avaries les plus urgentes. Le lendemain, 3o mai, l'amiral donna le signal d'appareiller. Alors commença pour ces vaillants une odyssée de quatre jours aux étapes douloureuses. Tourville avait à ce moment avec lui 35 vaisseaux. 4, en effet, s'étaient retirés avec Gabaret dans la direction du nord-ouest et devaient finir par arriver à Brest ; 5 autres, avec Nesmond, avaient doublé la pointe de Barfleur et avaient mouillé à la Hougue. L'amiral avait décidé de gagner les côtes de Bretagne, Saint-Malo ou Brest, par le raz Blanchard, qui ouvre entre le Cotentin et les îles anglo-normandes la route la plus courte. Il importait de se hâter ; l'armée ennemie était signalée à une petite lieue à peine en arrière. Nos 35 vaisseaux s'engagèrent dans le raz Blanchard ; mais beaucoup naviguaient mal, et dans ces parages les vents et les marées déterminent des courants d'une extrême violence. 22 seulement parvinrent à passer, sous la direction du chef d'escadre Panetié. Mais pourraient-ils entrer à Saint-Malo? Il y avait à bord de l'un de ces vaisseaux un pilote du Croisic, Hervé Riel, justement réputé pour son sang-froid et sa connaissance de la côte bretonne. On le laissa faire; grâce à lui, les 22 vaisseaux mouillèrent sains et saufs sur les bords de la Rance. Alors on demanda à Hervé Riel : « Quelle récompense veux-tu? » Et le bon pilote, qui était un bon mari, répondit : « Un congé, pour aller voir ma femme. »

13 vaisseaux, engagés trop tard dans le détroit, avaient dû revenir en arrière; le *Soleil Royal* était l'un d'eux. Le glorieux bâtiment était presque hors d'état de naviguer. Tourville, le désespoir au cœur, dut abandonner le vaisseau où il venait de vivre les heures les plus héroïques de sa vie; il le confia aux commandants Desnots et Champmeslin, et il porta son pavillon sur l'*Ambitieux*. Le *Soleil Royal* et 2 autres vaisseaux, l'*Admirable* et le *Triomphant*, s'échouèrent sur la plage de Cherbourg. Les 10 vaisseaux qui restaient doublèrent la pointe de Barfleur et arrivèrent le même soir à la Hougue. Sur les 5 qui étaient arrivés la veille à ce mouillage, 3 avaient repris la mer avec Nesmond; leur aventure fut singulière, ils devaient rentrer à Brest après avoir fait le tour des Iles Britanniques. Bref, le soir du 31 mai, 12 vaisseaux avaient jeté l'ancre sur la rade de la Hougue.

Le même jour, Tourville, Villette et d'Anfreville descendirent à terre; un conseil fut tenu avec Jacques II, le

maréchal de Bellefonds, l'intendant Bonrepaus et les
chefs du corps expéditionnaire. On parla d'organiser une
défense de la rade avec des chaloupes, des estacades,
des batteries; mais deux jours se passèrent en vaines
discussions. Alors on prit le parti de faire échouer les
vaisseaux, 6 près de l'île de Tatihou, 6 dans le port même
de la Hougue. Le 2 juin, les Anglo-Hollandais apparais-
saient à l'entrée de la rade; ils lançaient leurs brûlots sur
ces masses inertes et impuissantes. Tourville monta sur
le canot de l'*Ambitieux* avec Villette et Coëtlogon, et il
essaya avec une quinzaine de chaloupes de repousser cette
attaque; mais, le jour même ou le lendemain 3 juin, les
12 vaisseaux furent la proie des flammes. Tel avait été
aussi le sort des 3 vaisseaux qu'on avait échoués à Cherbourg; ceux-là du moins avaient vendu chèrement les der-
nières heures de leur existence.

Quinze vaisseaux avaient été brûlés. C'était le droit de
l'ennemi de détruire ces instruments de combat. Car le
jeu terrible de la guerre a pour objet de mettre l'adver-
saire dans l'impossibilité d'agir en lui prenant ses soldats
et ses armes. La guerre n'a jamais consisté à fusiller des
enfants, à incendier des bibliothèques, à bombarder des
cathédrales. Il était réservé à un peuple, qui se vante de sa
culture, de se déshonorer à jamais par ces abominables
infamies.

Quand Louis XIV apprit ces journées dramatiques, il
s'exprima à peu près comme Philippe II après la ruine
de l'Invincible Armada : « Je n'ai rien à me reprocher; je
ne commande point aux vents; j'ai fait ce qui dépendait

de moi. Dieu a fait le reste. » Il ne tint pas rigueur à
Pontchartrain, à qui ses ordres impératifs et sa suspicion
à l'égard de l'amiral créaient une lourde responsabilité.
A Tourville même, il fit servir une gratification de
20 000 livres et, dix mois plus tard, il lui donnait le bâton
de maréchal de France. Le bâton de maréchal ! l'emblème
par excellence de l'autorité militaire, la décoration insigne
que la Royauté et l'Empire ont donnée à des soldats
d'élite, la récompense belle entre toutes que la Répu-
blique tient aujourd'hui en réserve pour les chefs qui
délivreront la France, qui vengeront la Belgique, la
vaillante, la noble, l'admirable Belgique, qui rendront à
la patrie la Lorraine de Ney et l'Alsace de Kléber.

Un autre témoignage dut aller droit au cœur de Tourville. Le commandant en chef de l'escadre alliée, l'amiral
Russell, lui écrivit; il tenait, en effet, ce sont les termes
mêmes de sa lettre, à « le féliciter sur l'extrême valeur
qu'il avait fait voir en l'attaquant avec tant d'intrépidité
et en combattant si vaillamment, quoique avec des forces
si inégales ».

Alors la guerre était courtoise et loyale. Alors les
Français avaient en face d'eux des hommes comme il
faut, des *gentlemen*. Français et Anglais s'étaient battus à
Barfleur et à la Hougue avec une énergie suprême, parce
que le soldat doit combattre — jusqu'au bout — pour la
gloire et l'honneur du drapeau; mais, la lutte finie, ils
pouvaient se tendre la main avec une estime réciproque.
Si jamais la défense du droit et de la civilisation, si
jamais la défense des neutres lâchement attaqués, odieu-
sement torturés, pour avoir tout sacrifié à la défense de

l'honneur et de la liberté, amenait les Français et les
Anglais à combattre côte à côte, ils le feraient sans hési-
ter, en alliés loyaux, attachés les uns aux autres par un
pacte sacré et indestructible; car, à Londres et à Paris,
comme à Pétrograd, on n'a qu'une parole; à Londres et
à Paris, comme à Pétrograd, on estime que les traités sont
mieux que « des chiffons de papier ».

Toujours à la peine, toujours à l'honneur : n'est-ce pas
la devise de notre marine? A Barfleur, elle combattit
pour un champ de bataille. Aujourd'hui, elle monte la
garde dans la Méditerranée, tandis que l'ennemi reste
terré dans ses ports, derrière ses mines. Mais le pays sait
ce qu'il doit aux sentinelles qui lui assurent la maîtrise
de la mer. Notre table est régulièrement fournie; nos
usines ne cessent pas d'être approvisionnées ; les soldats
de l'armée d'Afrique et les soldats de l'armée des Indes
combattent à côté de leurs frères d'Europe. Aussi notre
reconnaissance n'oublie pas les officiers de marine et les
matelots qui, là-bas, jour et nuit, par tous les temps,
jouent le rôle de chiens de garde. Patience! L'heure
viendra aussi pour les chiens de chasse.
En France, les journées de Barfleur avaient causé
une émotion profonde ; la nation avait transformé en
un désastre la perte de 15 vaisseaux. Dieu merci,
ces pertes matérielles furent réparées tout de suite.
L'histoire, mieux informée, a fait comme le Grand Roi :
elle a rendu pleine justice à l'amiral qui a offert un des
plus beaux spectacles d'audace et de ténacité dont nos
annales puissent s'enorgueillir. A cette heure où nos

soldats et nos marins combattent pour la patrie, l'Académie des Sciences morales et politiques a pensé qu'il était opportun de décerner à l'armée française un hommage public, en commémorant dans cette séance solennelle la glorieuse journée du 29 mai 1692. C'est l'honneur d'une nation de rappeler ces exemples d'héroïsme et de les empêcher de périr; c'est sa joie et son orgueil de saluer d'un même cri d'amour et de reconnaissance ceux qui, à toutes les époques, ont combattu pour le drapeau national.

> Gloire à notre France éternelle!
> Gloire à ceux qui sont morts pour elle!
> Aux martyrs! aux vaillants! aux forts!
> À ceux qu'enflamme leur exemple,
> Qui veulent place dans le temple
> Et qui mourront comme ils sont morts!

Paris. — Typ. de Firmin-Didot et Cⁱᵉ, impr. de l'Institut, 56, rue Jacob. — 52696.